Wilhelm Marr

La victoire du Judaïsme sur le Germanisme
Examinée d'un point de vue non-religieux

Friedrich Wilhelm Adolph Marr
(16 novembre 1819 Magdebourg † 17 juillet 1904 Hambourg)

En 1879, Marr publie à Berlin son essai polémique antisémite *Der Sieg des Judenthums über das Germanenthum* (La victoire de la judéité sur la germanité) qui le place à la pointe de la défense de l'antisémitisme. La même année, il fonde la *« Ligue antisémite »* dont la durée de vie sera courte et publie également jusqu'en 1880, son organe officiel *Die neue deutsche Wacht* (La nouvelle garde allemande). Il introduit ainsi le terme antisémitisme dans le discours politique de la société de son temps. Il plaide pour une expulsion de tous les juifs vers la Palestine.

Les derniers mots sont *« Finis Germaniae ! »* (La fin de la Germanie).

Vers la fin de sa vie, Marr renonce à son radicalisme, arguant du fait que le conflit social avait été le résultat de la Révolution Industrielle et de conflits politiques.

Marr publia à Hamburg un essai final intitulé *Testament d'un antisémite*.

Le traducteur aidera le lecteur en commentant les noms propres et les concepts éventuellement inconnus dans la section « Notes ». Les exposants numériques font référence à ces notes.
W. M.

"*Non Fui, Fui, Non Sum, Non Curo*" :
« Je n'existais pas, j'ai existé, je n'existe plus, cela m'est indifférent. »
Un serviteur inutile, parmi les autres

26 SEPTEMBRE 2016
Traduction
Druide (merci)

Mise en page
LENCULUS

Pour la **L**ibrairie **E**xcommuniée **N**umérique des **CU**rieux de **L**ire les **US**uels
Toutes les recensions numériques de Lenculus sont gratuites

Wilhelm Marr

La victoire du Judaïsme sur le Germanisme

(Der Sieg des Judenthums über das Germanenthum)

Examinée d'un point de vue non-religieux

Vae Victis !

Huitième Édition

Bern

Rudolph Costenoble

1879

Préface

Ce que je veux accomplir dans cette brochure est moins une polémique contre le judaïsme qu'un exposé des faits concernant l'histoire culturelle.

Chaque fois que les circonstances m'amènent à tenir un discours controversé, cela peut et doit être compris comme un « *cri de douleur* » de la part de l'opprimé.

Un *pessimisme* résigné s'écoule de ma plume.

Il suffit de penser : « il y aura toujours des gens bizarres comme celui-là », mais soyez assurés que personne ne serait plus heureux que moi si les faits que je vais aborder étaient prouvés faux.

Les juifs et le judaïsme ont été attaqués dans la littérature d'innombrables fois. Cependant, cela a presque toujours été fait du point de vue de notre opinion non-juive, gonflée de nous-mêmes ou si je puis dire, dans le style vaniteux de retrait à la Gambetta[1]. Notre orgueil ne nous a pas encore permis d'admettre qu'Israël[2] est devenu une puissance mondiale de

---

1. — Gambetta, Léon (1838-1882) était un homme politique français dont l'appel à poursuivre l'action militaire contre l'Allemagne après que la France ait perdu la guerre franco-allemande, est tombé dans l'oreille d'un sourd. Pris de dégoût, il s'est par la suite retiré en Espagne.

2. — Israël : Marr ne fait bien sûr pas référence à l'actuel État d'Israël,

tout premier rang. Nous avons réussi à comprendre les Juifs, mais — nous avons échoué à nous comprendre nous-mêmes.

En toutes circonstances, cette brochure est à même de revendiquer son originalité. Libre de tout et de tout parti pris religieux, elle vous permettra de regarder dans le miroir des faits historiques et culturels et ce ne sera pas la faute du *« pessimiste »* si ce que vous voyez dans ce miroir ce sont — des esclaves.

Je souhaite deux choses concernant cette brochure.
1. Que les critiques juifs n'étouffent pas l'affaire ;
2. qu'elle ne soit pas mis au rebut avec le commentaire béat habituel.

Je vais annoncer, fort et sans aucune tentative d'ironie, que le judaïsme a triomphé sur une base historique mondiale. Je vais apporter les nouvelles d'une bataille perdue et de la victoire de l'ennemi et tout cela je le ferai sans trouver des excuses à l'armée vaincue.

Je pense que cette franchise mérite le privilège d'être traitée d'une meilleure façon que par le babillage journalistique zélé habituel.

W. M.

---

mais utilise ce mot comme un synonyme pour désigner le judaïsme.

1

Quand un peuple en conquiert un autre, l'une des deux choses suivantes peut se produire. Dans un premier cas, il peut arriver que le conquérant fusionne dans la culture des vaincus et perde de cette façon son identité.

Ce sort a frappé par exemple les Tatars, qui, sous Gengis Khan ont conquis la Chine, et qui par la suite sont devenus chinois. Les Lombards ont connu le même sort lorsque leur germanisme a fini par être italianisé.

Dans un second cas, le conquérant peut réussir à imposer sa culture aux vaincus. C'est ce qui s'est produit avec la race anglo-saxonne en Amérique du Nord et avec l'influence anglo en Amérique centrale et en Amérique du Sud (3).

Or, quelle que soit l'étendue de ces développements dans ses diverses ramifications, celle-ci pâlit en comparaison avec l'histoire culturelle du judaïsme. Ici nous avons affaire à un tout nouveau développement.

---

3. — Cette assertion concernant l'influence Anglo en Amérique Centrale et en Amérique du Sud est erronée. Marr était au courant de l'influence espagnole dans cette région étant donné qu'il avait déjà entrepris deux voyages en Amérique centrale. Il a décrit le premier dans son livre *Reise nach Central-Amerika*, (Voyage en Amérique centrale). Dans ce livre, il parle de l'Amérique hispanophone et il est donc sûr et certain que Marr commis une erreur de relecture, plutôt qu'une erreur de faits.

Toute une tribu sémitique est contre son gré et à plusieurs reprises arrachée à son pays natal, la Palestine, conduite en captivité et enfin « dispersée ».

Ceux qui ont été assujettis à la « captivité babylonienne » ont été relâchés, les Babyloniens étant bientôt fatigués de leurs captifs judaïques. La majorité est revenue en Palestine. Les « banquiers » et les riches sont restés à Babylone, en dépit de l'ire et de la colère des anciens prophètes juifs.

Il nous faut maintenant souligner le fait que les Juifs, dès le début, partout où ils apparaissent dans l'histoire, ont été haïs par tous les peuples, et cela sans exception.

Ce ne fut pas une conséquence de leur religion, parce que les Juifs de l'Antiquité, au moins à entendre ce que leurs prophètes ont dit, savaient parfaitement comment se relier à l'idolâtrie des autres peuples, tandis que « le judaïsme rigide » ne s'est développé que durant la période succédant à la destruction de Jérusalem.

L'hostilité universelle contre les Juifs avait des racines bien différentes. Il y a premièrement la haine manifeste des Juifs vis-à-vis du vrai travail, et deuxièmement leur inimitié codifiée vis-à-vis de tous les non-Juifs.

Quiconque a pris la peine d'étudier même superficiellement la loi mosaïque de la Bible admettra qu'un peuple adhérant en temps de guerre comme en temps de paix au codex de Moïse trouvera bien difficile de susciter envers lui-même la sympathie des nations. La relation entre les Juifs et Jéhovah était sans imagination, calleuse, purement contractuelle, une relation d'affaire et rigidement formaliste. Dans la vie de tous les jours prévalait le réalisme le plus pratique qu'on puisse concevoir, un réalisme d'une solidité d'airain. Même le Jéhovah de l'Ancien Testament était un réaliste rigide. Il reconnaissait l'existence des « autres divinités » et était motivé par sa haine envers elles.

Titus a commis l'acte le plus demeuré de toute l'histoire du monde, quand, après la destruction de Jérusalem, il a envoyé certains Juifs en captivité romaine et dispersé de force tout le reste. À l'époque, Rome admettait la liberté religieuse. On disait que « tous les dieux sont les bienvenus à Rome ». Mais si au nom des divinités qui avaient trouvé « *salve hospes* » (refuge) à Rome certains causaient le mal, tentaient de ruiner les temples romains ou de commettre des méfaits semblables, alors bien sûr, les Romains rétablissaient l'ordre. Ce qui a causé aux Juifs d'être haïs à Rome également, c'était l'attitude exclusive, combinée avec le mercantilisme et l'exploitation qu'ils avaient apportés avec eux.

Le monde romain de l'époque, ainsi que toute l'antiquité classique, étaient dans les affres de la désintégration au moment où les Juifs ont été importés. Le sémitisme a donc rencontré un terrain fertile pour son approche réaliste et déjà, aux temps de Constantin, les « *nouveaux-juifs* » (chrétiens) étaient la puissance derrière l'argent.

Toutes les nations de l'antiquité, y compris les commerçants Phéniciens et Carthaginois, ne tenaient pas en haute estime ce que nous appelons maintenant agiotage, le mercantilisme et l'usure. Si au Moyen Age, nous rencontrions un « *M. Boursier* », celui-ci était un Juif. On se servait des Juifs mais on les méprisait. Cette attitude est similaire à sa forme moderne, où les traîtres sont traités avec mépris alors que leur trahison peut être la bienvenue.

Le réalisme abstrait du judaïsme fut ainsi importé de force dans la société occidentale par les Romains. L'époque et les circonstances extérieures se sont avérées favorables au développement et à la prolifération du judaïsme. Dans l'histoire, le judaïsme devint l'assistant réaliste et rencontra à l'Ouest un terrain plus fertile pour son réalisme indolent et spéculatif qu'il n'a jamais trouvé en Palestine.

Ceci, bien sûr, a provoqué l'envie parmi les peuples occidentaux et puisque la foule a toujours préféré utiliser la religion comme couverture pour ses objectifs réels, il s'est trouvé en

Occident que la propagation du christianisme fut accompagnée par la propagation d'une (apparente) haine religieuse envers les Juifs.

L'aspect religieux de cette haine révèle son absurdité lorsqu'on considère que les Juifs devaient être tenus responsables de la crucifixion du Christ ; un événement dont on sait qu'il a été perpétré par les autorités romaines qui ne faisaient que suivre lâchement les clameurs d'une foule à Jérusalem. Cette foule juive à l'époque du Christ n'a jamais rien fait d'autre — ni plus ni moins — que ce que toute autre foule a jamais fait à un moment où à un autre dans l'histoire et chez d'autres peuples, que ce soit présentement ou dans l'avenir. Aujourd'hui, ils crient « *hosannah* » et demain ils vont crier « *crucifiez !* ». La nature humaine appelle la providence et la religion chaque fois qu'un acte stupide ou quelque perfidie est sur le point d'être commis. Il est rare qu'il n'y a jamais eu annihilation mutuelle sans qu'un côté ou l'autre en vienne à appeler les dieux ou notre Seigneur et à les importuner avec l'honneur d'une alliance. Et voilà comment Dieu et la religion devaient servir dans chacune des nombreuses persécutions des Juifs, alors qu'en réalité, ces événements n'étaient rien d'autre que la lutte des nations et leur réponse à la très réelle judaïsation de la société, c'est-à-dire à ce qui est une bataille pour la survie.

Oui ! Si en réalité, au cours du Moyen Age, certains Juifs fanatiques avaient — « massacré des enfants chrétiens » — au cours de la Pâques juive, et si ces événements atroces avaient réellement eu lieu (soit quelque chose qui n'a aucun fondement historique prouvé), alors ceux-ci représenteraient des abominations qui ne sont rien de plus que des crimes et qui ne doivent pas être utilisés pour justifier la haine religieuse en général. Il en va de même en ce qui concerne les obscénités proférées par certaines sectes piétistes contre le christianisme.

Donc je défends inconditionnellement la communauté juive contre toute persécution religieuse et pense qu'il est difficilement possible d'exprimer cela plus clairement que je l'ai fait ici.

D'autre part, je souligne la vérité incontestable suivante :

Avec les Juifs, les Romains ont imposé à l'Occident une tribu, qui, comme l'histoire le démontre, a été rigoureusement détestée par tous les peuples d'Orient.

2

Ainsi donc, le fait est que les Juifs ne sont pas venus en conquérants avec l'épée à la main.

Les Romains les ont « internés » en tant que prisonniers politiques en Occident et ils ont fait cela de manière telle que les Juifs ont eu la liberté de s'installer et que, dans les villes leur domicile était soumis à un certain contrôle, en ce qu'il était limité aux ghettos.

Rien de plus naturel que la haine que les Juifs ont dû ressentir vis-à-vis de ceux qui les ont tenus en esclavage et qui les ont expatriés de leur terre ancestrale. Rien de plus naturel que cette haine qui a grandi au gré de l'oppression et de la persécution en Occident sur une durée de près de deux mille ans. Rien de plus naturel que les Juifs deviennent encore plus méchants pendant leur bannissement et leur quasi-captivité qu'ils ne l'ont jamais été en Orient. Rien de plus naturel que leur réponse à cette situation ait été d'user de leurs dons innés de roublardise et d'intelligence en constituant en tant que *« captifs »* un État dans l'État, une société au sein même d'une société. Le judaïque « État dans l'État » a recouru à la ruse pour continuer sa guerre en Occident, alors qu'il avait plutôt utilisé des armes meurtrières contre les peuples d'Orient, là où il était le plus fort.

C'était tout simplement un droit naturel pour les Juifs. Il ne faut pas s'attendre à de l'humilité au lieu de la défiance de la part de ceux qui ont été supplantés, et il ne faut certainement pas s'attendre à de la douceur de la part d'un peuple dont les traditions ignorent comment tendre l'autre joue.

« *Œil pour œil, dent pour dent* », dit le Jéhovisme. Si la pratique de la loi martiale stricte contre ce peuple était justifiée après la grande erreur politique que fut son introduction de force dans la société occidentale, alors la résistance dure offerte par les Juifs était également justifiée. À l'aube du 19ème siècle, la ténacité étonnante et l'endurance des Sémites avaient fait des Sémites la première puissance au sein de la société occidentale. En conséquence, et cela tout particulièrement en Allemagne, la communauté juive n'a pas été assimilée dans le germanisme, mais à l'inverse le germanisme a été absorbé dans le judaïsme. Ce développement a progressé au point que les principales voix du patriotisme allemand, du «*Reichsfreundlichkeit*»(4), dans nos luttes parlementaires et même religieuses — sont des voix juives.

Dès le début de la dispersion juive en Occident un événement historique et culturel remarquable a eu lieu : les Juifs se sont établis dans les villes et se sont montrés encore moins désireux de se livrer à l'agriculture et à la colonisation que jamais auparavant en Palestine et en Égypte. On ne peut nier que dans certains pays, les Juifs ont été interdits d'acquérir des terres et des propriétés. Jusqu'à une époque avancée du Moyen Age l'Occident était couvert en grande partie de terres vierges non-cultivées. Il n'y avait aucune raison de ne pas «*squatter*» la terre pour y mener sa vie à la façon des pionniers culturels coureurs des

---

4. — Marr utilise des termes tels que «*Reichsfreundlichkeit*» (Amitié avec le Reich) ou «*Reichsfreunde*» (Amis du Reich) pour désigner un groupe hypothétique, sans existence formelle, d'Allemands opposés aux «*Reichsfeinde*» (ennemis du Reich), lesquels constituaient alors un groupe bien défini de nations opposées au Reich. Des Juifs faisaient partie de la «*Reichsfeinde*».

bois d'Amérique du Nord. Aussi, il y avait en Occident d'abondantes terres non réclamées. Elles n'ont cependant pas été revendiquées par les Juifs, parce qu'il leur manquait la vigueur des anciens Anglo-Saxons, qui, expulsés à cause de leur foi, créaient des états dans le Far-West sauvage. Ce ne sont pas la hache et la charrue, mais les astuces et les jeux pragmatiques et mercantilistes qui ont servi d'armes aux Juifs pour conquérir l'Occident et créer une nouvelle Palestine, particulièrement en Allemagne.

Et, pourquoi en Allemagne et pas ailleurs ?

La Romanité, la vieille Rome césarienne, s'était elle-même tournée vers le réalisme politique et culturel à un point tel que les Juifs se trouvèrent face à une entité politique, qui ne pouvait qu'être fragmentée par l'idéalisme de la Chrétienté. Avec l'introduction de cette dernière comme religion d'État, avec le début de la papauté, qui devait maintenir la juxtaposition du Christ et du non-Christ, afin de monopoliser le monde, la liberté d'action des Juifs à Rome et en Italie se trouva limitée. La juiverie s'est dispersée de plus en plus et se retira devant le fanatisme de la religiosité chrétienne. Elle s'est diffusée en masse en Espagne et au Portugal et dans les pays slaves, puis a émigré en grand nombre à partir de là vers la Hollande et l'Allemagne, cela tout en étant capable de poursuivre sans obstacle ses activités de désorganisation sociale chez les barbares slaves. À côté du slavisme, le germanisme était moins préparé à faire face aux étrangers. Un sentiment de nationalité allemande, pour ne rien dire de la fierté nationale allemande, n'existait tout simplement pas en terre allemande. Et ce fut précisément pour cette raison que le judaïsme a trouvé plus facile d'étendre ses racines en Allemagne que dans tout autre endroit.

Mais même ici, le caractère spécial des étrangers venus d'Orient posait problème. Dans les terres agricoles germaniques la roublardise sémitique et son sens pratique des affaires a provoqué une réaction contre les Juifs. Cette tribu étrangère et son opportunisme contrastaient trop avec le caractère fondamental du Germanisme. Ses règles, ses articles de foi permettant de considérer tous les non-Juifs comme « malpropres » (5), ont provoqué la colère des peuples, tandis que d'autre part les Juifs eux-mêmes permettaient que la noblesse les utilise dans les transactions financières faites au détriment du peuple.

Très doués, avec beaucoup de flair dans ce genre d'activités, les juifs dominèrent dès le Moyen Âge la vente au détail et le commerce de gros et ont roulés dans la farine les gens ordinaires qui travaillent dur.

Les gens ordinaires ont réalisé que les Juifs ne partagent pas leur sens de l'éthique, parce qu'au lieu de chercher l'émancipation ils ont préféré accumuler des richesses. Tant que cette accumulation était au rendez-vous, ils étaient prêts à tolérer la souffrance. Ouvertement bloqués par ceux d'en haut, ils ont pu tirer profit de ceux d'en-dessous. Le petit peuple n'avait aucune possibilité de se plaindre d'être exploité par ses nobles, une activité dans laquelle les Juifs agissaient en tant que courtiers. Pour cette raison, les gens ont utilisé la religion comme prétexte.

---

5. — Pest est l'une des villes jumelles formant Budapest, capitale de la Hongrie, qui faisait partie de l'Autriche-Hongrie.
En Décembre de 1865 une grande agitation a été provoquée dans la communauté juive de Pest suite à l'accusation faite par un homme du nom de Schor, qui était leur chef de prière orthodoxe. Schor avait accusé le Grand Rabbin de Pest, le Dr. Meisel, d'avoir effectivement mangé de la nourriture offerte à la table de l'empereur quand il avait été invité à dîner. Une enquête (!) a révélé que les deux grands rabbins invités avaient pris de la nourriture dans leurs assiettes, s'occupaient (!) à manier couteaux et fourchettes, mais qu'ils n'avaient pas mangé en réalité. À ce stade, la congrégation juive a retiré à Schor son titre de chef de prière. — De tels événements conduisent à se demander qu'est-ce qui peut bien justifier qu'un peuple croyant être souillé en participant à un repas chrétien, un repas auquel il a été invité par son souverain, puisse exiger un statut égal avec les chrétiens. — (Ghillany, *Europäische chronique* III, 120.)

« Les bourreaux du Christ sont là pour nous exploiter ? » Crièrent-ils. « *Hepp ! Hepp !* » (6).

Pour ceux qui sont au sommet de la société ces persécutions occasionnelles de Juifs ne sont pas importunes. Elles ont eu pour effet de maintenir les Juifs dépendants, prêts à continuer en tant que courtiers et ne pensant pas à revendiquer l'émancipation de leur peuple comme frais de courtage.

On ne saurait nier que l'esprit abstrait, tourné vers l'argent, mercantile des Juifs a beaucoup contribué à l'essor du commerce et de l'industrie en Allemagne. Ce sont les profits et non des idéaux qui construisent un État et si nous comparons le profit à une personne, alors les moyens et les fins sont rarement purs et nobles. Des princes despotiques en lutte constante avec une noblesse despotique et prédatrice, des agriculteurs ne différant des esclaves noirs que par la couleur de peau, une classe moyenne qui en plein temps des croisades était peu développée et manquait de confiance en soi, voilà ce qu'était la société allemande, tandis qu'en Italie, en France et en Espagne la culture a prospéré.

Dans cet élément germanique maladroit et confus a pénétré une juiverie douce, rusée, pliable, lisse ; avec tous ses dons de réalisme, intellectuellement qualifiée, du moins en ce qui concerne le don de l'astuce, à regarder de haut les Allemands et à subjuguer l'Allemand monarchique, chevaleresque, exploitant forestier, en lui permettant de donner libre cours à ses vices.

Le Juif n'avait pas de patrie. Avec chaque jour qui passe, il s'éloigna de plus en plus de son ancien pays natal et son souvenir n'en devint que purement symbolique. La nature lui avait refusé le don de se fondre avec d'autres personnes, de s'assimiler. Il a continué à rejeter leur religion, à résister à leurs coutumes,

---

6. — « *Hepp ! Hepp !* » était le cri de guerre des émeutes populistes anti-juives, qui ont eu lieu dans de nombreux pays d'Europe centrale au début du 19e siècle. La signification de ces mots n'est pas claire et a été interprétée de différentes manières.

traditions et mode de vie. Il était capable de tromper ses oppresseurs en tout, mais pas dans son désir d'être un Juif et le rester. Sa charte était un défi durable et une manifestation contre les « malpropres » aux côtés desquels il vivait. Il était un étranger typique pour eux et demeura ainsi jusqu'à aujourd'hui ; et oui, son judaïsme exclusif, comme nous allons le démontrer dans ce qui suit, se voit encore plus aujourd'hui après son émancipation, que jamais auparavant.

Nous ne devons donc pas être gênés d'admettre que « *ab ovo* » (dès le tout début) un élément est entré dans notre société occidentale dépassant de loin nos ancêtres dans la ruse et l'astuce et a combattu avec ces armes en Occident, après que l'incendie et l'épée du fanatisme et de la haine contre d'autres personnes dans l'Orient lui aient été arrachés des mains. Depuis, en utilisant ces armes, la communauté juive a poursuivi sa lutte en Occident contre tout ce qui n'est pas juif. Il a résisté avec succès à notre idéologie et nous a inoculé d'année en année avec un peu plus de lui-même en rendant la ligne qui sépare le bien du mal si élastique, que dans les domaines du commerce et de l'échange la limite n'est qu'à un cheveu du crime brutal et l'impunité criminelle est devenu la règle. La remarque espiègle disant qu'à la Bourse, les agents de change se divisent en juifs « *blancs* » et « *noirs* », sonne vrai.

Tout cela démontre simplement que le germanisme ne possédait pas l'endurance spirituelle suffisante pour se protéger contre la judaïsation et ainsi l'Allemagne s'est transformée, peu à peu, en nouvelle terre promise des Sémites, qui déferlèrent d'Espagne, du Portugal et de la Pologne pour s'ajouter à la population juive déjà résidante.

Cette tribu, les Juifs, possédée tout au long de son histoire par une ferveur théocratique qu'on ne retrouve chez aucun autre peuple et dont le code de conduite théocratique était terrible en temps de guerre comme en temps de paix, a transformé tout son potentiel destructeur en de nouvelles formes et, en utilisant celles-ci, a vaincu l'Occident, une victoire qu'elle n'a pu obtenir en Orient en utilisant le feu et l'épée.

Un tel événement historique-culturel n'est pas une bulle qui peut être éclatée à coups de simples « Hepp, Hepp ». Un tel événement est d'apparence démoniaque, en dépit du « masque grotesque » qu'il peut porter. Cette tribu, qui faisait rire d'elle dans la Rome des Césars, s'est répandue dans toute l'Europe, recouverte d'une saleté encore plus pesante que celle qu'on peut voir sur elle en Russie et en Pologne. Cette tribu taquinée par les gens instruits, maltraitée par la foule et persécutée par des fanatiques religieux, ces gens sont devenus des « courtiers » pour les gouvernants et exigèrent hommage dès le Moyen Age. Utilisant l'intelligence et la souplesse avec laquelle elle a mené son activité pratique, elle a exploité les masses, tout en conservant sa rigidité théocratique- jéhovistique et tout en persécutant fanatiquement les siens, les Juifs pensant humainement, mais non-conventionnellement. Et ces gens ont conquis le monde avec leur âme juive !

Ceci n'est pas grâce à la puissance de la foi religieuse juive. Le Juif n'a pas de véritable religion, il a un contrat commercial avec Jéhovah et paie son dieu avec des statuts et des formulations et en retour, il est chargé de la tâche agréable d'exterminer tout ce qui n'est pas juif. Elle est l'expression puissante d'un réalisme conscient et très particulier qui, admettons-le, existe dans le judaïsme et que nous rencontrons dans son pathos et sa satire. En ce qui concerne les modalités réelles de l'entreprise et du commerce, nous les Allemands ne différons guère plus que cela des Juifs ; ce dont nous ne disposons pas est la poussée du peuple sémitique. En raison de notre organisation tribale nous ne serons jamais en mesure d'avoir une telle poussée et parce que le développement culturel ne connaît pas de pause, notre perspective n'est autre qu'une époque au cours de laquelle nous les Allemands serons des esclaves soumis à la féodalité politique et juridique du judaïsme.

3

L'un de nos citoyens les plus respectés, l'un de nos plus grands penseurs, poètes et esprits critiques aiguisés, — Gotthold Ephraim Lessing, a démontré dans son drame « *Nathan le Sage* » (7), quelle erreur fondamentale le germanisme a commis en voyant ou en considérant la question juive uniquement comme une question de nature religieuse.

Le 18ᵉ siècle durant lequel a vécu Lessing, fut le siècle de l'émancipation philosophique vis-à-vis des préjugés de toutes sortes, plus particulièrement des préjugés religieux. Il est pour

---

7. — « *Nathan le Sage* » est une célèbre œuvre littéraire du dramaturge allemand Gotthold Ephraim Lessing (1729 à 1781). Elle traite de la question à savoir laquelle des trois grandes religions — le christianisme, le judaïsme et l'islam — est la vraie. Nathan, un Juif, présente la parabole des trois anneaux dans lequel un père laisse un anneau à chacun de ses trois fils. Deux des anneaux sont des copies de celui qui donne à son porteur le don d'être aimé par Dieu et par l'homme. Les fils incapables de décider lequel des trois anneaux est le vrai, se querellent entre eux et, enfin, demandent à un juge de décider pour eux. Le juge leur dit que, puisque chacun d'eux a reçu sa bague d'un père aimant, chacun doit croire qu'il est le porteur de l'anneau vrai. Le père, leur dit le juge, les aimait tous les trois et donc ils devraient s'aimer les uns les autres. Le drame de Lessing contient un symbolisme supplémentaire concernant l'égalité des trois religions, mais pour l'apprécier il est nécessaire de lire le drame.

le moins curieux que dans cette grande époque, des « libres penseurs » anglais et français ont plus ou moins rejeté le judaïsme. Le grand déiste Voltaire s'en est pris sérieusement au formalisme du judaïsme. Voltaire et Mylord Bolingbrooke (8) en Angleterre ne cachaient pas leur aversion envers le tribalisme juif et soulignaient très clairement que les Juifs ne peuvent pas prétendre avoir une véritable religion. Ils traitaient le judaïsme comme une question spirituelle de petite importance.

Du côté de l'Allemagne, le grand Lessing a choisi avec « *Nathan le Sage* » un autre chemin erroné. Il est pour le moins curieux que cette approche de toute évidence erronée de notre idole immortelle ait rencontré si peu d'attention à une époque comme la nôtre où la critique littéraire est érosive et impitoyable.

La légende des « *trois anneaux* » est la plus belle création de composition poétique de l'âge de la tolérance. Mais quel est le personnage à qui Lessing fait dire cette vérité noble et exaltante ?

C'est un juif « Rothschild » sous le sultan Saladin !

Ce choix fut-il essentiel pour un drame au but aussi noble ?

— Nathan n'aurait-il pas pu être plutôt un érudit juif ou un Baruch Spinoza s'exprimant avant son temps ? — En quoi était-il nécessaire d'invoquer l'élément révoltant d'un agent de Mammon ?

Et pourtant — en adoptant l'état d'esprit du poète, pour lui le Juif et le collecteur d'argent étaient inconsciemment un seul et même être. L'un ne pouvait pas être séparé de l'autre et le poète le sentait instinctivement. Nathan fournit des prêts pour financer la guerre contre les croisés. Ce faisant, il se met financière-

---

8. — Mylord Bolingbrooke : Marr se réfère à Henry St. John Bolingbroke (1678-1751), un homme politique, mieux connu en tant que philosophe déiste, qui a la réputation d'avoir été un antisémite. (Déisme se réfère à certaines idées religieuses peu orthodoxes, parfois aussi appelées religion naturelle, en vogue à l'époque des Lumières.)

ment du côté de l'un des trois « *anneaux* ». Il propose à Saladin l'argent, — juste après avoir raconté l'histoire merveilleuse de ces anneaux. Eh bien — il l'a fait sans charger d'intérêt, mais après tout, il prend en charge l'un des « anneaux », qui n'est même pas celui du judaïsme. Bien qu'il soutienne également le « templier », l'impartialité de l' « *Être suprême* » si magnifiquement illustrée par la légende des trois anneaux, est alors minée par Nathan lui-même. Lessing ne pouvait pas dans son subconscient surmonter l'identité du Juif et du serviteur de Mammon. Si un Juif devait être le protagoniste du drame, alors pourquoi ne pas avoir montré Lessing séparément du métal précieux ? De cette façon Lessing a glorifié un Juif exceptionnel, qui cependant, en tant que serviteur de l'argent, était un vrai Juif. Nathan est un individu, pas un concept. Il se tient sans doute avec son personnage au-dessus du Juif « Sheva »(9) que l'on trouve dans le drame de Richard Cumberland. Ce dernier est cependant dépeint de manière plus crédible et réaliste ; Sheva est tiré de la vie, Nathan est abstrait, et entre dans la poésie la plus haute et la plus idéale de l'humanisme et de la tolérance en tant que — banquier.

Le Juif Nathan aurait représenté le « monothéisme » si Lessing ne l'avait pas dépeint de manière réaliste comme un serviteur de Mammon.

Cela prouve seulement que, même Lessing, contre sa volonté, a démontré l'identité du Juif et du pouvoir de l'argent.

Quoi qu'il en soit, le Nathan de Lessing est devenu le véritable précurseur de l'idée d'émancipation des Juifs vis-à-vis des Allemands. L'idéalisme allemand a été captivé par la légende de l'anneau, mais il ignore que le Nathan de Lessing ne pouvait être — qu'un personnage de fable.

Si Nathan avait été chrétien, il y aurait pu y en avoir d'autres

---

9. — Sheva est le protagoniste juif dans la pièce portant le titre « Juif » du célèbre dramaturge anglais Richard Cumberland (1732-1811).

et pas seulement Paul Lindau(10), pour commettre l'« indélicatesse littéraire » consistant à mettre Lessing sur la table de dissection dialectique.

C'était un signe de l'époque. Vraiment : le Juif et l'homme de Mammon étaient inséparables même dans les yeux de Lessing. Le poète n'a pas été capable de séparer chez son héros ce dernier attribut de son premier attribut. Uniquement de cette façon, Nathan put devenir un personnage crédible aux yeux du public en général. Et je ne veux pas en démontrer davantage avec ces déclarations, que même notre grand Lessing n'a pas été en mesure d'imaginer une séparation entre le « Juif » et « l'argent ». Qu'il anticipe Spinoza aurait été trop exiger de ce drame ; ce non-Juif juif vraiment grand avait été maudit par ses propres associés tribaux — et ce jusqu'à la tentative de meurtre — Baruch Spinoza ! Messie philosophique du 17e siècle, « crucifié » par les Juifs, tout comme le Juif Christ avait été crucifié par les Romains.

Baruch Spinoza ! Un exemple juif à la mode au 19e siècle ! Mais malheur à l'Allemand qui oserait montrer aux masses juives qui était vraiment le grand Spinoza et ce qu'il représentait!! Combien méprisable est l'humanité! Comment le juif moderne moyen peut-il prétendre un quelconque enthousiasme pour Spinoza !

Avec le « *Nathan* » de Lessing et le « *Juif* » de Cumberland, l'idée de l'émancipation juive commença à prendre prise au sein du grand public. Le théâtre est devenu son estrade et le chapitre final de la pièce de ce projet se trouve dans le *Deborah* de Mosenthal(11), dans lequel la souffrance juive et la fureur juive

---

10. — Lindau, Paul (1839-1919) était un journaliste allemand, dramaturge et romancier.
11. — *Deborah* : Mosenthal, Salomon Hermann (1821-1877) est né et éduqué en Allemagne avant de poursuivre plus tard une carrière de dramaturge en Autriche. Dans « *Deborah* », il a abordé le problème de la vie en tant que juif dans une société chrétienne et de l'émancipation

sont montrés dans une égale mesure. Après Lessing et l'émancipation des Juifs en France à l'époque de la première révolution, l'émancipation juive allemande a développé une littérature qui lui est propre.

Qui peut reprocher aux Juifs d'avoir accueilli avec joie les révolutions de 1789 et celle de 1848 et d'y avoir participé activement ? « *Juifs, Polonais et écrivains* » était le cri de guerre des conservateurs en 1848. Incidemment, bien sûr, trois factions supprimées ! Les gens heureux et satisfaits ne se révoltent pas dans notre monde. Il est compréhensible que les Juifs aient été aussi bruyants au cours de cette frénésie bachique de liberté de la presse. Qui peut leur en tenir rigueur ? Enfin, il faut encore souligner, que l'auto-tromperie philosophique avait abouti à l'idée que la question juive était une question de liberté religieuse. En 1848 cependant, la communauté juive avait depuis longtemps atteint le stade où il n'est plus seulement question que de préjugés religieux. La « religion » juive ne représentait que la constitution d'un peuple, la formation d'un État dans l'État et cet état secondaire ou contre-état exigeait certains avantages matériels pour ses membres.

C'était une question d'égalité politique ; parce que dans la vie civique la juiverie avait atteint en fait il y a longtemps un rôle de premier plan et dominant ; dominant à tel point que les États chrétiens ont institué une haute aristocratie des banquiers juifs, même si ces barons juifs ne pouvaient être conseillers municipaux ni occuper un poste similaire.

Personne ne pensait que la question juive puisse être une question socio-politique. Cette croyance erronée qui nous a fourvoyés pendant 1800 ans, à savoir que l'on avait affaire à

---

des juifs. L'action se déroule entre des protagonistes rustiques vivant dans un petit village agricole autrichien et des immigrants juifs, échappant aux poursuites d'un autre pays. La pièce *Deborah* connut un grand succès auprès des publics juifs et chrétiens.

une question de liberté religieuse et de conscience, a continué à faire l'objet d'auto-tromperie et c'est ainsi que les incursions socio-politiques du judaïsme dans la société allemande ont fini par obtenir leur consécration juridique.

Une domination étrangère existant déjà de facto a été légalement reconnue. Une domination étrangère qui, pour l'exprimer vulgairement, avait réussi à prendre le contrôle dictatorial du système financier de l'État, c'est-à-dire du *nervus rerum gerendarum* (centre névralgique des activités d'affaires), et à y faire régner l'esprit juif d'organisation et de manipulation.

Ce que la communauté juive avait réussi il y a longtemps, soit la domination du réalisme juif au détriment de tout idéalisme, doit alors non seulement être sauvegardé, mais étendu par-delà toutes les frontières. À cette fin, la communauté juive avait besoin de droit égaux au niveau de la création des lois et de l'administration de ce même état qu'elle se refusait à reconnaître pour des motifs religieux.

C'est cela et rien d'autre qui est le contenu principal de l'émancipation juive, une fois éliminées que toutes les phrases racoleuses. La domination étrangère juive est entrée dans la sphère de la gouvernance germanique de manière absolue. J'utilise à plusieurs reprises le mot « domination étrangère ». Mais un peuple qui répète chaque année, entre autres choses, la phrase rituelle idiote : « L'an prochain à Jérusalem ! » n'est-il pas un peuple étranger ? Elle affirme sans ambages son caractère étranger, sans parler de ses coutumes et de ses caractéristiques tribales persistantes, qui — ni en esprit ni en substance — ont, sauf dans les cas les plus exceptionnels et rares, été assimilés — de manière indiscernable — dans le germanisme sur une période de 1800 ans. Les Juifs peuvent-ils se permettre ou souhaitent-ils vraiment ternir l'image de leur propre pouvoir en feignant de vouloir démontrer qu'ils ne sont pas des étrangers distincts ? La « gloire » du judaïsme est précisément d'avoir opposé à l'Occident une résistance des plus victorieuses sur une durée de 1800 ans. Toutes les autres sources d'immigration en Allemagne (notamment celle des colonies françaises) ont disparu sans laisser de trace au sein du germanisme ; les Wendes et les Slaves ont disparu dans l'élément allemand. La race sémitique, plus forte et plus dure leur a tous survécu. Vraiment ! Si j'étais un Juif, je verrais dans ce seul fait la source de ma plus grande fierté. Aucun vainqueur, que ce soit dans l'Antiquité ou les temps modernes, ne peut se vanter de telles réussites spirituelles, historiques et culturelles que celles du commerçant ambulant juif le plus humble *(Schacherjude)*, vendant son tissu dans son petit kiosque au coin de la rue. — Sans un seul coup d'épée, paisiblement, en dépit de la persécution politique qui dura des siècles, le judaïsme est aujourd'hui le dictateur socio-politique en Allemagne.

4

Dictateur de l'Allemagne seulement ?

Au pays des penseurs et des philosophes, l'émancipation des Juifs a eu lieu en 1848. À la même époque débutait la guerre de Trente Ans(12), ouvertement menée par la communauté juive en utilisant l'arsenal décrit.

Il était difficile de leur refuser ces armes durant une période de tempête et de stress(13) et après avoir été conquis en majeure partie par l'intelligence juive au cours des siècles. En ce qui concerne les élections, la communauté juive est immédiatement entrée dans un contrat statistique avec nous. Le fait d'être juif les aidait à conquérir un mandat avec une relative facilité. Afin de recueillir le vote juif, les partis, lors de la création des listes de candidats, devaient faire des concessions à la juiverie, et c'est ce qui se passe encore de nos jours dans une mesure plus ou moins grande.

---

12. — La guerre de Trente Ans est une analogie utilisée par Marr pour décrire la lutte alors en vigueur, qui avait commencé 30 ans plus tôt, en 1848, des Juifs en vue d'obtenir la pleine participation à la vie politique allemande. La guerre de Trente Ans de l'histoire a eu lieu entre 1618 et 1648 et avait, entre autres, des racines religieuses.

13. — Storm et Stress (*Sturm und Drang*) était un mouvement répandu dans la littérature et la musique en Allemagne dans la deuxième moitié du 18e siècle. Il insistait sur l'émotionnel, par opposition à la composante rationnelle de l'expression artistique.

Jusqu'à 1848, les Juifs en Allemagne étaient principalement de conviction « démocratique », ou du moins faisaient-ils semblant d'être. Plus tard, la communauté juive s'est divisée en partis parlementaires, principalement dans le « *National libéralisme* » car c'était là que l'esprit de judaïsation, les concepts d'utilité et d'esprit pratique, et le manque de principes avaient le plus progressé. Jusqu'ici, seul le parti ultramontain (14) est resté pur de toute judaïsation. Les partis conservateurs au pouvoir regorgent d'éléments sémitiques, considérant que deux tiers de notre littérature semi- officielle sont représentés par les Juifs.

Le même objectif, la désintégration de l'État germanique au profit des intérêts juifs, est toujours poursuivi partout.

La presse écrite est principalement aux mains des Juifs, qui ont transformé le journalisme en objet de spéculation et de production industrielle, en un commerce d'opinion publique ; la critique de théâtre, de l'art en général — est aux trois quarts aux mains des Juifs. Les écrits sur la politique et même la religion sont — aux mains des Juifs. Pensons-y juste un moment.

Une fois que l'émancipation eut été gagnée, l'instinct exigeait qu'elle soit consolidée et renforcée. Cela ne pouvait être obtenu qu'en utilisant la presse et le syndicalisme. Par conséquent, les Juifs les inondèrent comme à marée haute. Ils se comportèrent comme s'ils étaient extraordinairement intellectuels et sans parti pris. Ils sont allés jusqu'à se livrer à l'ironie sarcastique auto-dérisoire ; mais alors que le très doué E. Dohm (15) offrait les blagues les plus précieuses d'Israël dans « *Kladdaradatsch* », il apparut qu'il n'était pas du tout conseillé aux non-Juifs de faire de même.

---

14. — Ultramontain se réfère à l'ultramontanisme, une tendance à tourner le regard par-delà des Alpes vers Rome et la papauté pour trouver réponses à toutes les questions politiques et spirituelles.

15. — Dohm, Friedrich Wilhelm Ernst (1819-1883), un Juif converti, était un important contributeur à un hebdomadaire satirique bien connu, nommé *Kladderadatsch*.

L'utilisation du mot «*Knoblauch* » (16) suffisait pour nous accuser, nous Teutons, de tomber dans la haine religieuse. Eh bien, au moins mon nom me protège de tels reproches (17).

Dès le début de son émancipation, le judaïsme fut déclaré comme un sujet hors-limites pour nous, Allemands.

Après que l'agitation juive ait réduit le journalisme à un commerce banal mais fort profitable répondant au goût des foules

---

16. — *Knoblauch* est le mot allemand pour l'ail. Il a été utilisé de façon péjorative pour désigner les juifs, puisque ceux-ci avaient la réputation de sentir l'ail.

17. — N'appartenir à aucune confession religieuse m'a bien peu aidé dans la vie. Lorsque, au début des années soixante, bouleversé sur les conséquences de l'émancipation juive, je me suis battu dans mon «*Judenspiegel* » (Hambourg, Otto Meissner) passionnément mais avec impartialité contre la judaïsation de la société, un coup de vent contre moi a surgi, comme si la bande de Jéricho avait été renforcée par mille trompettes. Une tentative a été faite pour me pousser hors du «journalisme », et même aujourd'hui, je suis incapable de prononcer ne serait-ce qu'une pensée indépendante sur quelque question que ce soit dans la presse judaïsée. J'étais dépeint comme un fanatique religieux ordinaire criant «*Hepp-Hepp* », alors même que chaque ligne de mon «*Judenspiegel* » démontrait le contraire. J'avais ébranlé un nid de frelons. Mais — ne parlons pas de moi-même — où en serait Richard Wagner sans l'aide du roi de Bavière ? A-t-il jamais vécu un artiste qui fut davantage l'objet d'attaque par la communauté juive de Wagner ? Je ne parle pas des spécialistes de la musique qui l'opposaient, mais de la meute des scribouilleurs et des chiens de théâtre qui ne lui pardonnèrent jamais ses vues sur le judaïsme, même si celles-ci aient pu être erronées. Et de la part des mêmes personnes en Israël, qui s'étaient plaint du « manque de mélodie » dans «*Tannhäuser* » et «*Lohengrin* », une foule lui rendit l'hommage à Bayreuth — oui à Bayreuth –, de jouer lui- même le premier violon, comme le veut «*la coutume en Israël* », après que Wagner ait, en dépit de tout, réussi à se frayer un chemin jusque-là. — Même là, il y avait deux ou trois exceptions, des Juifs qui avaient dès le départ montré des sentiments amicaux envers le travail du maître, mais c'est l'exception qui confirme la règle.

pour le ragot et le scandale, elle avait trouvé le plus grand public possible pour ses tentatives de judaïsation. Des siècles de prédominance de facto du réalisme juif avait accompli leur travail préparatoire. La juiverie dictait l'opinion publique dans la presse.

Mais penchons-nous maintenant sur le nec plus ultra de l'arrogance du vainqueur juif !

Le « combat culturel » (18) avait commencé. Alors que nous, Allemands, nous trouvions interdits et mis hors la loi par la presse depuis 1848 si l'on s'adonna à critiquer quoi que ce soit qui soit juif, la juiverie s'est alors mise à s'occuper de nos querelles religieuses et culturelles avec l'ultramontanisme et, ce qui reste difficile à croire, monopolisait entièrement la conversation. Alors que la juiverie était anxieusement à la recherche pour ses journaux satiriques du moindre petit fait pouvant être dépeint comme une « chasse aux sorcières contre les juifs », elle a déversé ses torrents contre l'ultramontanisme. — Bien ! Ce dernier s'opposait au judaïsme et à sa lutte pour la domination du monde ! Ici, on ne peut certainement pas parler de tact judaïque, ce qui exige de nous que nous le manipulions avec soin comme du verre délicat ou comme un Mimosa pudica.

Et en effet, il y avait des journaux importants, dans lesquels nous, les Allemands n'étions même pas autorisés à écrire sur le « combat culturel » parce que, — parce que nous, pour critiquer le fanatisme romain l'avions qualifié d'émanation de la ferveur Jéhovistique de l'Ancien Testament. Dans les livres (comme ceux de Johannes Scherr (19)) la communauté juive ne pouvait faire

18. — Le combat culturel *(Kulturkampf)* fait référence au différend politique et ecclésiastique qui attisa les tensions entre les factions protestantes et catholiques en Allemagne à l'époque de la chancellerie de Bismarck.

19. — Scherr, Johannes (1817-1886) était un social-démocrate allemand qui, en raison de son activité politique a été obligé d'émigrer en Suisse. Là-bas, il devint un historien reconnu. Un de ses travaux importants porte le titre *Deutsche Kultur and Sittengeschichte* (Histoire de la culture et des coutumes allemandes).

obstruction directement aux déductions et aux analyses politiques-culturelles ; mais dans ses journaux elle passait sous silence même les publications hostiles à l'ultramontanisme, si tant est qu'Israël s'y trouvait furtivement abordé ! !

Essayez seulement de faire des commentaires sur les rituels et les lois juives. Vous constaterez que pas même le pape n'est plus infaillible et irrécusable. Commenter leurs rituels est « de la haine », mais si le Juif prend sur lui de prononcer le dernier mot dans nos affaires religieuses et d'État, alors c'est tout à fait différent.

La juiverie crie déjà « *Vae Victis* », alors que nous sommes au milieu de nos querelles religieuses et politiques.

Au début de la lutte culturelle, moi et plusieurs de mes amis avons essayé de prendre part en exprimant des idées d'un point de vue sophistiqué, historique et culturel. En vain. Nous étions seulement autorisés à être entendus à condition de renoncer à faire des déclarations de fait élémentaires et d'être, *ex abrupto*, prêts à s'en prendre aux « cléricaux ». Pas même dans les lettres à l'éditeur n'avons-nous pu rencontrer quelque hospitalité dans la presse juive, même là où il y avait possibilité d'exprimer des opinions contraires à la nôtre. Et c'est ainsi que la communauté juive a — monopolisé — la liberté d'expression des opinions dans la presse.

Il serait facile de cacher notre propre impuissance sous couvert d'un abondant verbiage de haine du Juif. Nous, les Allemands avons officiellement démissionné en faveur du judaïsme en 1848. Vérifiez par vous-même : dans tous les aspects de la vie, la voie menant au but passe par une médiation juive. Il n'y a pas de « lutte pour l'existence » sans Juifs pour recueillir sa commission. Demandez-vous, lecteur, si j'exagère !

Ceci est le résultat de la guerre de Trente Ans que la juiverie a officiellement mené contre nous depuis 1848 et qui nous enlève même l'espoir d'une pauvre petite « Paix de Westphalie »[20].

---

20. — La « Paix de Westphalie », a conclu la guerre de Trente Ans

5

Il est impossible de rester immobile. Ou bien on va en avant ou bien en arrière !

Y a-t-il des signes que le crépuscule des dieux juifs est sur le point de se produire ? Non, il n'y en a aucun.

La domination sociale et politique de la communauté juive, ainsi que son paternalisme religieux et ecclésiastiques sont encore pleins de vigueur juvénile et prêts à réaliser la promesse jéhoviste (« Je livrerai toutes les nations entre tes mains, etc. »).

Un renversement soudain est impossible si ce n'est pour la seule raison que l'ensemble de la structure sociale, formée par la judaïsation, s'effondrerait et qu'aucun concept n'existe pour prendre sa place et le concrétiser dans la réalité.

Nous ne pouvons pas non plus nous tourner vers l'état « chrétien » pour chercher de l'aide. Car les Juifs sont les « plus parfaits » citoyens de cet état chrétien moderne, qui à son tour correspond parfaitement à leurs intérêts. Ils sont — et cela dit sans même un soupçon d'ironie — les meilleurs et les plus authentiques « *Reichsfreunde* » (Amis du Reich allemand), parce que ce Reich est tout à fait prêt à les faire avancer à la magistrature suprême du pays.

(1618-1648). Ici Marr reprend à nouveau son analogie lorsqu'il qualifie la lutte pour l'émancipation politique des Juifs depuis 1848 de « guerre de Trente Ans ».

Puis-je adresser un appel à mes lecteurs : je vous prie, s'il vous plaît, de conservez cette brochure et de l'inclure dans votre testament afin qu'il soit transmis de génération en génération. Ce n'est pas une prophétie prétentieuse de ma part, mais une déclaration de ma plus profonde conviction que, dans moins de quatre générations, il n'y aura pas un seul bureau dans tout le pays, y compris le plus haut placé, qui n'aura été usurpé par les Juifs.

Oui, par le biais de la communauté juive, l'Allemagne va devenir une puissance mondiale, une Palestine Occidentale.

Non par des révolutions violentes, mais par la voix du peuple lui-même, dès que la société allemande aura atteint l'apogée de la banqueroute sociale, l'apogée de l'impuissance vers laquelle nous dérivons.

N'en faisons point reproche aux Juifs.

La juiverie a combattu l'Occident durant 1800 ans. Elle l'a conquis et l'a soumis. Nous sommes vaincus, et il est tout à fait dans l'ordre des choses que le vainqueur chante *« Vae Victis ! »*.

Notre élément germanique s'est montré impuissant, impuissant vis-à-vis de la domination étrangère dans un contexte historique et culturel. Ceci est un fait, un fait amer, inexorable. L'état, l'église, le catholicisme, le protestantisme, le credo et le dogme, doivent ployer le genou devant le jugement juif dans la presse écrite.

Mais ce n'est pas tout, loin de là.

Après que le germanisme, jusque-là un traînard pour ce qui est de la question juive, eut pris les devants pour en devenir le leader, rien ne pouvait l'arrêter.

Gambetta[21], Simon et Crémieux étaient les dictateurs en France en 1870-1871, durant la guerre. Ils envoyaient chaque jour des milliers et des milliers de Français vers une mort inu-

---

21. — Aujourd'hui président de l'Assemblée nationale.

tile. Après Sedan (22), tout le monde croyait que la paix viendrait. Pas du tout ! Bismarck aurait pu répondre à la phraséologie d'un Jules Favre (23), mais le frivole et misérable fanatisme de l'action des messieurs sémitiques à Tours (24) exigeait bien plus que « *le sang et le fer* ».

Pauvre, France judaïsée.

En Angleterre, un homme qui détestait les Allemands, le Sémite Disraeli garde la question de la guerre et de la paix bien comme il faut dans la « poche de son gilet ».

Qui a vraiment tiré profit au Congrès de Berlin (25) de tout ce sang versé en Orient ? La juiverie. L' « Association israélite » était au premier rang. La Roumanie a été contrainte à ouvrir officiellement les vannes à l'influence corrosive du Sémitisme. En ce qui concerne la Russie, la juiverie n'a pas encore osé faire la même demande. Cela reste à venir.

Et en Allemagne, qui a vraiment tiré profit de la situation et remporté tous les avantages matériels ? La juiverie, représentée par une poignée de banquiers juifs ; courtiers sémitiques. Nous, les Allemands, avons le résultat abstrait, imaginaire — être des « *Amis du Reich* », pour nous consoler avec le « *Reich de rêve* ».

---

22. — Sedan était l'emplacement de la bataille décisive en 1870 durant la guerre franco-allemande de 1870-1871. Après cette bataille, l'empereur français Napoléon III se rendit aux Allemands.

23. — Favre, Jules (1809-1880) était un homme politique français et un ennemi acharné de l'Allemagne dans la guerre franco-allemande de 1870-1871.

24. — Tours était la ville en France où un gouvernement républicain provisoire a été établi après la bataille de Sedan. Celui-ci a continué la guerre franco-allemande, sans succès et au prix de grands sacrifices, jusqu'à la reddition définitive de la France au début de 1871. À sa tête se trouvaient Gambetta, Simon et Crémieux.

25. — Le Congrès de Berlin se tenait à la fin de la guerre russo-turque de 1877-1878.

Qui dirigeait en nombre écrasant l'horrible et socialement destructrice « *Gründerthum* » (révolution industrielle)(26) après la guerre ? La juiverie.

Arrêtez ! Cher lecteur, ne grincez pas vos dents de colère. Vous n'avez pas le droit. Une domination étrangère nous a été imposée. 1800 ans a duré la bataille contre la domination juive, qui n'a presque jamais dévié de sa tradition biblique. Le peuple Sémitique a souffert indiciblement. Vous en avez abusé grossièrement, mais rarement vous êtes-vous battus contre lui spirituellement. Modeste au début, il est devenu plus grand que vous, a corrompu la société dans tous ses aspects, a pressé tout idéalisme hors de lui, exerce l'influence la plus déterminante dans le commerce et la vie quotidienne, pénètre toujours plus la fonction publique, contrôle le théâtre, constitue un front politique-social, ne vous laissant presque rien, mis à part le travail brut qu'il a toujours su éviter ; il a transformé le talent en virtuosité brillante, la publicité proxénète en déesse de l'opinion publique et — il vous domine aujourd'hui.

Au nom de quoi la juiverie ne devrait-elle pas tirer avantage de sa victoire et de son triomphe ?

Le peuple allemand a pu — parce qu'il en avait obtenu la permission en « haut lieu »(27) — se débarrasser de la domination étrangère française 1813-1814. Pourquoi la domination française n'a-t-elle pas compris comment faire en sorte que ses intérêts soient pris à cœur en « haut lieu », ce que la domination juive a quant à elle très bien compris et utilisé à son avantage ?

---

26. — Gründerthum décrit la période du troisième quart du 19e siècle, alors que l'avènement de la grande industrie a apporté des changements révolutionnaires dans la société et dans la structure des villes.
27. — « Haut lieu » est le choix du traducteur pour rendre le mot allemand de Marr « Oben », avec la compréhension qu'il représente l'autorité tout en évitant de préciser qui est cette autorité.

Bien sûr, des esprits nobles tels que Schill, Dörnberg, Stein(28) ont été ostracisés par les monarques germaniques, comme nous pourrions être ostracisés nous aussi pour avoir simplement rappelé les faits concernant la judaïsation.

Sommes-nous prêts à nous sacrifier ? Avons-nous réussi à créer ne serait-ce qu'un seul journal d'orientation anti-juive, qui ait parvenu à rester politiquement neutre ? — Nos associations de femmes au foyer et autres associations similaires ne sont-elles pas toutes sous le patronage de Juives, qui combinent l'agréable et le rentable avec une petite entreprise comme à-côté ? Le moindre petit recoin de notre vie n'est-il pas vulnérable à l'inondation du judaïsme ?

Vous vous reposez sur la tanière à ours germanique. Je suis émerveillé d'admiration devant ce peuple sémitique qui a mis son talon sur la nuque de notre cou. Je recueille mes dernières forces afin de mourir aussi paisiblement que possible sous la servitude juive, mais en tant que celui qui n'a pas cédé et qui n'est pas disposé à demander pardon.

Peut-on nier les faits historiques ? Nous ne le pouvons pas !

Le fait historique est là clairement sous nos yeux : le judaïsme est devenu la première grande puissance politico-sociale du 19e siècle. Pour nous déjudaïser, nous manquons de toute évidence de force physique et spirituelle. La force brute, mais complètement inconsciente de la protestation contre l'actuelle judaïsation était la Social-Démocratie, qui a agi avec et pour les Juifs, puisque la juiverie avait aussi infiltré ses rangs. Comme par exemple le fondateur de la Social-Démocratie allemande, Lasalle, qui était lui-même Sémite.

Pourquoi donc devrions-nous maintenant être surpris ? Nous hébergeons une tribu étrangère résiliente, dure et intelligente parmi nous, qui sait comment tirer parti de toute forme

---

28. — Schill, Dörnberg et Stein étaient trois héros allemands impliqués dans la résistance contre l'occupation napoléonienne de l'Allemagne.

de réalité abstraite. Ce n'est pas le Juif individuel, c'est l'esprit juif et la conscience juive, qui tiennent le monde entier. Nous ne pouvons plus parler d'une persécution des Juifs, quand les hurlements à la persécution allemande peuvent être entendus dès qu'un non-Juif ose montrer sa tête.

Ce sont tous des faits historiques et culturels, si uniques dans leurs aspects, si impressionnants, qu'il est impossible de les contester en usant des polémiques quotidiennes. L'Empire romain fier n'a pas été en mesure de remporter ces triomphes avec toute la force de ses armes, comme l'a accompli le Sémitisme en Occident et particulièrement en Allemagne.

Parmi tous les États européens, seule la Russie continue de résister à l'invasion étrangère franche. L'exemple le plus récent d'actions enclenchées contre ce dernier rempart se trouve du côté de la juiverie dans le cas de la Roumanie. Comme l'indiquent les événements et les circonstances actuelles, la reddition finale de la Russie est seulement une question de temps.

Dans cet état énorme, à multiples facettes, la juiverie trouvera le point cardinal dont elle a besoin pour défaire complètement le monde occidental.

L'attitude juive, résiliente, peu scrupuleuse, va plonger la Russie dans une révolution comme le monde n'en a peut-être jamais vu. Le nihilisme social et l'individualisme abstrait seront conjurés de telle sorte que l'Empire tsariste, encore à demi civilisé, sera incapable de résister. L'administration corrompue, encore sous-développée, à peine née ou déjà sous influence juive, offrira une poigne adéquate. Il suffit de regarder l'Autriche multinationale pour voir à quel point elle est solidement et irréversiblement entre les mains des Juifs d'aujourd'hui !

Comment et où ces éléments nationaux partiellement primitifs en Russie pourraient-ils être plus résistants que nous, Allemands, le sommes et l'avons été ? Alors que la Prusse exemplaire, bien administrée et fidèle, avec son Hohenzollern honnête et modeste, avec sa population disciplinée, a déjà été violée par la juiverie ?

Ne sommes-nous pas témoins aujourd'hui du fait que sous le tsar doux et humain Alexandre, qui a aboli le servage, c'est — le nihilisme qui a fleuri ? ! Et la Russie devrait opposer une résistance au nihilisme social que la juiverie a importé en Occident ? —

Impossible !

Avec la Russie, la juiverie aura enfin capturé la dernière position stratégique de laquelle elle pourrait craindre une éventuelle attaque par derrière, mais une fois qu'elle aura paralysé la Russie, ses arrières seront alors parfaitement sûrs. Une fois qu'elle aura envahi les bureaux et les agences de la Russie la même façon que les nôtres, alors l'effondrement de notre société occidentale va commencer sérieusement, ouvertement et à la mode juive. La « dernière heure » du condamné Europa frappera au plus tard dans 100 à 150 ans, puisque les événements se développent plus rapidement maintenant qu'ils ne l'ont fait dans les siècles passés.

Ce que la Russie peut attendre du judaïsme est clair. À l'exception de deux ou trois journaux juifs platoniquement neutres, l'ensemble de la presse écrite juive a frénétiquement pris le parti de l'Asie contre la Russie dans la guerre russo-turque (29). Ni l'aspect religieux de cette guerre — aussi accessoire qu'il ait pu avoir été — ni — et ceci est le point important — l'idée historico-culturelle, qui est au-dessus de toute diplomatie, la mémoire de les siècles, voire des millénaires de lutte contre l'Asie — pas même la tradition hellénistique, n'ont réussi à convaincre la presse juive d'adopter une attitude plus sophistiquée.

---

29. — La guerre russo-turque a été abordée auparavant dans cette brochure, lorsque le Congrès de Berlin est mentionné. L'un des résultats de la guerre russo-turque fut la libération de la Roumanie, de la Bulgarie, de la Serbie et du Monténégro de la domination de l'empire ottoman.

Certainement ! Cette presse serait aux côtés de la Russie, si un Lasker(30) ou un Bamberger(31) n'avait joué politiquement le premier violon sur les rives de la rivière Neva ou si la juiverie avait été financièrement encore plus déterminante en Russie qu'en Turquie. Mais au lieu de cela, un intérêt personnel criant résonnait dans chaque article antirusse dans la presse.

À la guerre comme à la guerre (il faut prendre les choses comme elles viennent) ! C'était un droit pour les Juifs, parce qu'ils sont étrangers et ont été forcé de nous faire la guerre, et en disant cela je ne fais que statuer un fait — *sine ira et studio.* — « De quel côté devrais-je me trouver ? » ; on peut encore entendre ces mots chaque fois que les Juifs considèrent la partisannerie ; plus que l'ensemble de l'Occident, ils sont « *toujours en vedette* » (toujours à l'affût).

Tout comme nous nous sommes occupés de la question du « *combat culturel* », nous nous sommes également occupés de la question de l'Orient. Toute opinion différente de la position judaïque ne trouvait aucune place dans les quotidiens juifs, qui avaient presque complètement pris parti pour les intérêts industriels juifs. Dans la presse allemande, le sérieux et la satire ont aveuglément pris le parti d'une Turquie languissante, en pleine désintégration, financièrement aux mains des juifs. Des parts d'actions spéculatives ont déterminé ce que l'opinion publique devrait être.

En outre, la Russie a fait son entrée dans la guerre sans aucune préparation spirituelle, sans avoir cherché le début d'une opinion publique favorable et a permis à une certaine idée de

---

30. — Lasker, Eduard (1829-1884) était un homme politique juif allemand opposé aux politiques de Bismarck.
31. — Bamberger, Ludwig (1823-1829), un révolutionnaire juif allemand en 1848, est devenu plus tard un banquier et enfin un représentant au Reichstag allemand. Il était un partisan politique de Bismarck jusqu'en 1878, mais s'opposa à lui plus tard.

s'incruster, l'idée qu'elle aurait été motivée par le désir titillant de conquête et non par sa mission en Orient. Elle n'a jamais été exprimée, cette pensée selon laquelle, implicitement, l'insolence de la grande puissance thalassocratique de l'Angleterre puisse être infléchie, et comme quoi la seule mention de cette idée aurait attiré beaucoup d'amis à la Russie. Et ainsi — l'Angleterre est devenue l'allié du judaïsme.

Cela a toujours été un malheur pour les Slaves d'avoir ignoré l'esprit du germanisme et de l'avoir jugé uniquement sur la base des articles de journaux juifs. Bon Dieu, l'esprit allemand est sur le point de devenir étranger, même dans la presse allemande. Il ne passera même pas dix ans avant qu'on ne puisse plus trouver un seul journaliste dans toute l'Allemagne qui n'ait été circoncis ! Tout au plus, on verra des commis à louer faire le travail dans l'industrie de la presse juive.

Et même que ce sera tout à fait dans l'ordre, parce que « à la guerre comme à la guerre » et que les prisonniers de guerre doivent « creuser des tranchées ».

Je n'ai pas le droit de le faire et ce n'est ni l'endroit ni le moment approprié pour critiquer les politiques intérieures du comte de Bismarck depuis 1866. Il suffit de dire, que, depuis lors, Son Honneur, le Comte, est vénéré comme Constantin par la juiverie et que l'« *opposition* » juive nationale, libérale milite tout à fait ouvertement afin que le pouvoir du Comte leur soit accordé à eux. Je ne peux pas dire que cette attente juive est ridicule ; le fondement de notre politique intérieure, depuis la guerre avec l'Autriche[32], et plus encore depuis la guerre avec la France, est tel que les aspirations juives les plus audacieuses ne peuvent être considérées comme ridicules.

Pourquoi cela ? La France a eu durant les sept dernières années un dictateur juif et un triumvirat juif, — l'Angleterre a

---

32. — La guerre avec l'Autriche se réfère à la guerre austro-prussienne de 1866 dans laquelle la Prusse a prévalu.

un premier ministre juif, et l'Allemagne, l'Eldorado social de la communauté juive, ne serait pas capable de nager avec le courant ? — Ce serait plutôt risible que la juiverie réduise ses attentes de même un demi-ton.

Si moi-même, en tant qu'Allemand et en tant que l'un des vaincus, je ne critique point les politiques intérieures du comte de Bismarck, alors si j'étais juif je le ferais en disant : « Le Comte comprend son époque comme aucun autre homme d'État devant lui. Il a la vision historique et culturel claire que le germanisme est en banqueroute et dans ses derniers soubresauts et il est à la recherche d'éléments ayant davantage de vitalité ».

Comment les hommes peuvent-ils lui être utiles, des hommes comme nous, qui ne pouvons plus être des « *Reichsfreunde* », puisque nous n'avons pas de « *Reich* » et ne demandons pas au Comte plus que l'espace permis pour une petite communauté tranquille ; communauté qui — n'a toutefois pas encore perdu tout idéal. —

6

La guerre de 1800 ans avec le judaïsme touche à sa fin. Admettons-le ouvertement et sans réserve : le germanisme a connu son Sedan (capitulation humiliante, misérable). Nous avons perdu nos armées et il ne faut pas continuer à nous battre comme Gambetta le voulait, il ne faut pas faire la guerre en francs-tireurs.

Nous avons été vaincus dans une bataille ouverte.

Oui, dans la bataille ouverte ; parce que la juiverie a toujours montré son vrai visage et leur petit mensonge, disant que nous avons agi en fanatiques religieux en leur opposant une résistance, doit leur être pardonné.

Nous ne sommes plus de taille pour faire face à cette tribu étrangère.

Passez votre chemin et n'essayez pas de me convaincre du contraire ! Avec le rude « *Hepp, Hepp* » de la foule, avec le bûcher et d'autres ruses similaires, rien n'est accompli. On n'a jamais travaillé à nous libérer spirituellement du réalisme juif inflexible. Intellectuellement nous n'avons rien accompli parce que nous étions trop mous et trop pusillanimes pour combattre l'esprit spéculatif juif dans la presse. Ne vous plaignez donc pas de ce que la « *presse à scandale* » soit achetée, lue et financée à même votre argent. Ne soyez pas dédaigneux de vous-même si vous rencontrez votre image dans un miroir. Arrêtez d'être les grandes gueules quand vous êtes les vaincus. L'avenir et la vie appartient au judaïsme, l'Allemagne appartient au passé et va mourir.

Tel est le sens du développement historique-culturel de notre peuple allemand. Il n'y a pas moyen de lutter contre cette loi immuable de l'ordre mondial.

Dès le début, cela ne fut jamais une guerre de religion, ce fut une lutte pour la survie contre la domination étrangère du judaïsme, dont nous sommes conscients du caractère seulement depuis peu.

C'est trop tard. Nous avons été tellement immergés dans le judaïsme, qu'il faudrait remettre en question toute la société moderne, si tant est que nous voulions vraiment nous en sortir.

En outre, il nous manque des alliés qui puissent nous aider à l'émancipation pacifique et délibérée du Germanisme ; aucun allié ne se trouve dans la noblesse, aucun parmi les hommes d'État et aucun même dans le peuple lui-même. La faillite historique-culturelle de l'Occident et tout particulièrement du Germanisme semble avancer sans relâche. Vous pouvez dire que c'est le pessimisme qui parle à travers moi. Pourtant, c'est page par page l'histoire entière de la culture que je vous relate ici, qui nous a conduit par une logique démoniaque à la judaïsation.

Je répète et crois que, en ces temps où l'on est facilement enclin à soupçonner ceux qui présentent autre état d'esprit, on ne le répétera jamais assez : je ne porte en moi pas la moindre « haine des Juifs » et je ne hais pas les Juifs en raison de leur religion. Je n'ai pas la moindre haine fondée sur l'origine nationale ou raciale. Aucun peuple ne peut être blâmé pour ses dons spéciaux. Les événements de l'histoire mondiale et de la culture ont catapulté le judaïsme en Occident. Ce dernier a rencontré un élément étranger dans le judaïsme, tout comme il paraissait étranger à ce nouveau venu. Il a commencé à y avoir des frictions entre les deux peuples et en cours de route le judaïsme s'est révélé plus fort que l'Occident et surtout plus fort que le Germanisme.

Ce serait une tâche louable pour un scientifique allemand, pourvu qu'il ait quelque temps libre, d'approfondir cette étude courte mais pénétrante qui est la mienne dans le cadre d'une recherche scientifique, afin de retracer étape par étape les progrès historico-politiques accomplis par le judaïsme en Allemagne. Cela pourrait être une œuvre digne de notre plus grand historien de la culture, Johannes Scherr.

Maintenant ! — Je reconnais qu'à une certaine époque je polémiquai farouchement contre les Juifs, mais je reconnais mon erreur. Ma polémique était dans l'erreur, elle est venue des siècles trop tard.(33) — Je ne nourris pas la moindre animosité envers « les Juifs », à condition qu'ils ne me nuisent pas et si jamais je nourris une telle haine, c'est bien sûr seulement contre des ennemis personnels. Que j'ai souffert, comme tant d'autres écrivains et d'autres frères humains, à cause de la judaïsation de ma profession, c'est dans la nature des choses. C'est comme la guerre. Comment puis-je haïr le soldat dont la balle arrive à m'atteindre ? — N'offre-t-on pas sa main comme vainqueur ainsi bien que comme prisonnier de guerre ? Devons-nous être plus barbares que des soldats en guerre ?

A mes yeux, c'est une guerre honnête qui a été menée depuis 1800 ans. Là-bas comme ici, nous ne voulions pas admettre ce fait, parce que nous étions des doctrinaires des deux côtés et que nous n'avons jamais saisi l'essence de cette bataille historique et culturelle.

Le Juif, — je parle ici en général ! ! — démontre des qualités tout à fait admirables envers les siens. Certains — au sein de sa famille, par exemple — développent plus d'intimité que ce que l'on peut trouver chez les autres. Il peut être gentil et agréable avec nous — superficiellement.

---

33. — *Der Judenspiegel*, Hamburg, O. Meissner, 5th Edition, 1863.

Le fait qu'il est conscient d'appartenir à un « peuple élu », le fait qu'il nous déteste ou nous considère comme de simples objets d'exploitation, résulte de la nature de sa tribu et de son histoire dans l'antiquité. Il est compréhensible qu'il ne nous considère pas avec gentillesse, étant donné l'accueil qu'il a reçu en Occident. Il ne voulait pas ou ne pouvait pas s'assimiler et alors il a dû se battre. Après sa première victoire décisive de 1848, il devait — qu'il l'ait voulu ou non — poursuivre son succès plus loin et doit maintenant tenter de ruiner le monde Germanique, Occidental. La mission destructrice du judaïsme (qui existait déjà dans l'antiquité) ne s'arrêtera que lorsqu'il aura atteint son point culminant, c'est-à-dire après la mise en place du césarisme juif.

De quels quartiers peut-on s'attendre à trouver une résistance ?

Certainement pas du côté du Germanisme, parce qu'il se trouve à l'agonie mortelle.

Peut-être — mais seulement au conditionnel ! — que les Slaves prendront les devants de la scène sur laquelle la grande « tragi-comédie » de l'histoire du monde est en train de se jouer.

7

Il est plus facile de fournir une illustration de ce à quoi notre génération actuelle sera probablement confrontée. Car, pourvu que tous les signes ne nous induisent pas en erreur, la juiverie devra faire face à une attaque finale, désespérée, spécialement de la part du Germanisme, avant de pouvoir atteindre la domination autoritaire.

La *« question juive »* est de nature politico-sociale. La judaïsation du monde germanique a créé des concepts et des théories de la « liberté » sociale individuelle, laquelle ne peut plus être qualifiée de liberté mais seulement d'insolence. Ses conséquences pratiques sont devenues intolérables même pour le Germanisme judaïsé.

L'opposition contre l'usure est l'expression première, populaire de l'affrontement à venir.

On plonge le regard dans un abîme de corruption morale, quand on voit tous les jours dans la presse écrite des offres toujours plus nombreuses de bonnes affaires d'investissement, d'invitations étendues aux personnes ayant l'argent pour participer à des *« crédits Lombard »* (34) garantis d'obtenir de 20 à 30% par mois. Certains de ces « négociateurs de fonds » peuvent être des

---

34. — Les prêts Lombard *(Lombardgeschäfte)* décrivent l'octroi de crédit à court terme garanti par des titres facilement négociables, tels que les métaux précieux ou des actions.

agents cachés de grands capitalistes, d'autres peuvent séduire des capitalistes un peu moins importants en leur faisant mener une vie confortable de « rentiers » faisant d'eux des sangsues de la pauvreté et de la misère. C'est bien pire que les *« pots-de-vin »* car les « pots-de-vin » n'exploitent que les gens stupides, alors que l'usure, par le biais de tiers partis sataniquement séduits, exploite la pauvreté et la misère.

Dans nos parlements, où le sujet de l'usure passe pour un sujet d'importance brûlante, on n'y entend, comme d'habitude, que — des sornettes. Le dogme de la « liberté individuelle », qui représente en réalité l'impertinence et l'effronterie de l'avarice la plus débridée, est devenu un principe si fondamental pour la société, que nos vaillants représentants — quelle image méprisable en offrent-ils — tentent de faire une omelette sans casser d'œuf. Pourquoi ! Il faudrait peut-être aussi freiner les manipulations effrénées des grandes industries et du grand capital, et c'est pourquoi la question de l'usure reste sans réponse concrète et n'avance pas au-delà des résolutions théoriques.

Le doctrinarisme de notre société judaïsée est une aide permettant de contourner la falaise de l'usure. Les membres appauvris de toutes les couches de notre société restent victimes de l'usure et de ses assistants allemands corrompus, qui, avec l'aide des Juifs aimerait faire de 20 à 30% par mois sur le dos de la détresse et de la misère des pauvres ! — (Si, au regard de cette indulgence officielle, ils avaient au moins la décence de ne pas nous importuner en nous intimant de respecter l' (!) État germanique *« Chrétien »* ! —).

« C'est peut être possible, mais ça ne marchera pas ! » Voilà comment se terminera la protestation parlementaire concernant le problème de l'usure. – En attendant, le cancer de l'usure se répand toujours davantage dans la société. — L'amertume intérieure « contre les Juifs » augmente d'heure en heure (exactement comme au Moyen Age dans des circonstances similaires, mais moins grandioses) et une explosion est inévitable.

Il faut aussi garder à l'esprit que le comte Bismarck avec ses initiatives douanières et fiscales a aliéné la plus grande partie de ses plus fidèles Juifs, parce que l'Internationale or (35) ne connaît pas de patrie, pas plus que les Internationales noires et rouges n'en ont. Les sept « *années de vaches maigres* » que le Reich allemand a léguées aux Allemands depuis 1871, menacent maintenant la juiverie également, et son Excellence découvrira bientôt la rapidité avec laquelle s'amenuisera la patience de ses protégés Sémitiques en manque d'argent.

L'État allemand se désintègre de la manière la plus rapide qui soit et une fois que l'explosion que nous prévoyons se sera produite, alors l'État n'aura aucune bonne raison de protéger les Juifs contre la « *ardor civicum* ». Comme c'est arrivé si souvent dans l'histoire, le violent « *Hepp, Hepp* » deviendra la soupape de sécurité pour l'État. — Peut- être que ce temps n'est plus très loin, où les « haïsseurs de juifs » par excellence devront protéger les étrangers sémitiques, qui nous ont vaincus, contre l'outrage des passions populaires indignées.

Une telle catastrophe nous attend, parce que l'indignation contre la judaïsation de la société est renforcée par le fait qu'elle ne peut pas être ventilée dans la presse sans se montrer comme la plus abstruse des haines religieuses, comme on peut le voir dans la presse ultramontaine et généralement réactionnaire.

Nous avons été réduits au silence à un point tel que nous ne pouvons pas, même dans la presse, faire appel au sentiment humain-éthique des Juifs. Nous pouvons protester contre Rome et émettre des blagues à son sujet. Cela vaut également pour le Protestantisme. Tout cela est bien reçu dans la presse judaïsée. La cause de l'humanitarisme face à l'individualisme abstrait — ne doit pas être entendue.

---

35. — Les Internationales or, noire et rouge semblent se référer aux associations internationales d'intérêts financiers, catholiques et socialistes.

L'indolence germanique, la pusillanimité germanique, la dédaigneuse expression teutonique bien commode sont responsables du fait que l'agile et intelligent Israël décide maintenant de qu'on peut ou ne peut pas dire.

Je vous demande de ne point réprimander les Juifs ! Vous votez pour leur domination étrangère dans vos parlements, vous en faites vos législateurs et vos juges, vous les élevez pour en faire les dictateurs financiers de vos État. Vous leur avez donné la presse, parce que la frivolité brillante vous plaît davantage que la force morale, — vous auriez préféré quoi ? Le peuple juif a le vent en poupe en raison de ses talents et vous êtes vaincus, comme vous deviez l'être et comme vous l'avez mérité mille fois.

Non plus devez-vous dire que « les Juifs abaissent trop les prix » (concurrence déloyale). Ils saisissent la surproduction industrielle à une échelle vertigineusement grande, la revendent aux « prix les plus bas », font beaucoup d'argent et l'utilisent dans l'usure. N'est-ce pas tout à fait de « bon droit » et en accord avec le dogme de « l'individualisme abstrait » que vous avez accepté avec enthousiasme des mains du judaïsme ? –

Nous sommes tellement coincés dans la judaïsation, que rien ne pourra nous sauver, et qu'une violente explosion anti-juive ne fera que retarder, et n'empêchera pas la désintégration de la société judaïsée. Vous ne serez plus en mesure de mettre un terme à la grande mission juive. Le césarisme juif n'est seulement — et j'exprime cela à partir d'une profonde conviction intérieure — qu'une question de temps. Seulement après que ce césarisme aura atteint son apogée, nous serons peut-être être sauvés par un — « *Dieu innommable* » –, en l'honneur de qui l'empire romain césarien avait construit des autels, dans une attitude à demi ironique, à demi prémonitoire.

Épilogue

Je suis arrivé à la fin de mon projet d'histoire historico-culturelle.

Les lecteurs capables d'un jugement équitable pardonneront l'expression de la douleur que je ressens face à la judaïsation de ma patrie et reconnaîtront, en même temps, que je n'ai fait que présenter des faits, équitablement et honnêtement, et que jamais je n'ai flatté le peuple allemand au détriment de la juiverie.

Si j'ai offensé « les Juifs » en leur montrant à eux aussi où la logique de judaïsation nous a menés et où elle continue de nous mener, permettez-moi de dire que je n'avais pas le choix. Le vainqueur ne peut pas exiger des vaincus qu'il leur offre humblement de l'encens.

Il s'agit strictement d'un processus de friction historique et culturelle se produisant entre deux tribus différentes, tel que je l'ai décrit. Je pense que cette fois-ci, la presse juive doit faire une exception et sans perdre la face, traiter en toute équité une telle brochure qui n'est pas à son goût.

Je suis conscient que mes amis journalistes et moi sommes sans défense devant la juiverie. Nous n'avons ni le patronage de la noblesse ni de la classe moyenne. Notre peuple allemand est trop judaïsé pour avoir quelque volonté d'auto-préservation.

Il est donc temps finalement de statuer sans ambages (sans qualificatif) le fait que nous sommes les vaincus et que nous sommes maintenant les subordonnés.

Je fais cet aveu afin de lever définitivement le brouillard de l'abstraction et de la partisannerie entourant la question juive. Oui, je suis sûr que j'ai dit ce que des millions de Juifs pensent mais ne disent pas.

La puissance mondiale appartient au Sémitisme.

Parlez donc vous aussi ouvertement, vous les Juifs. Soyez ouvert et sincère dans votre pensée. Vous avez le pouvoir de le faire ! Et nous cesserons de nous plaindre. Pas de place pour l'hypocrisie entre nous.

Un « *destin* » historique mondial, c'est ainsi que je l'appellerai, nous a placés comme des gladiateurs dans l'arène de l'histoire culturelle. La bataille devait être menée sans haine contre le combattant individuel, qui a été placé de force dans le rôle de l'attaquant ou du défenseur. Plus durs et plus persistants que nous, vous avez remporté la victoire dans cette bataille entre peuples que vous avez menée sans épée, alors que nous vous avons massacrés et brûlés, mais n'avons pu trouver la force morale de vous dire de vivre entre vous et de faire des affaires entre vous.

Dans notre mentalité médiévale, nous avons cru pouvoir vous « *manipuler* » et — nous avons été « *manipulés* » à la place.

Peut-être que votre vision réaliste du monde et de la vie est la bonne. Peut-être que « *le destin* » a l'intention de faire de nous vos ilotes. Nous sommes déjà sur cette voie. Peut- être que l'esprit que vous avez apporté à l'Occident et devant lequel se prosternent la haute et la basse société et les politiques, est la seule pouvant vraiment assurer l'hégémonie de l'Allemagne pour toujours.

Un Teuton individuel ne peut pas répondre à ces questions aujourd'hui avec un oui ou un non. Mais vous pouvez nous regarder de haut avec une fierté légitime.

Que personne n'ose prendre mes paroles pour de l'ironie ! — Je proteste solennellement. J'ai déchiré le voile de l'« *image de Saïs* » sémitique (36) et je regarde intensément l'impressionnante « Isis » parce que je ne lui dénie pas son pouvoir. L'image dévoilée ne propose aucun nouveau message.

Avouez qu'aucun ennemi ne vous a traité plus décemment, ni avec autant d'appréciation que je l'ai fait, moi qui ait vécu personnellement une vie pleine de raisons de vous haïr, comme beaucoup, beaucoup d'entre vous le savez.

Mais on ne hait point lorsqu'on a pris conscience. « Beaucoup savoir, c'est beaucoup pardonner » dit Voltaire, et je sais que vous êtes les vainqueurs.

Suis-je là en train de quémander votre « clémence » ? Non, je ne le suis pas !

Je ne vous demande rien, sauf le respect de mes convictions.

Je peux avoir commis une erreur. Il se pourrait que l'antisémitisme et le germanisme entrent dans une ère de paix politique-sociale. Je ne crois pas à une telle paix. Je ne crois que ce que je vois : notre assujettissement social, politique par vous. Mais au lieu de fanfaronner en brassant bruyamment mes chaînes comme ils sont plusieurs à le faire, je reconnais que nous avons été enchaînés « mains et pieds », « cœur et âme » — du palais à la cabane.

Au lieu de la passion de la bataille, j'ai adopté la résignation stoïque. Si vous ne pouvez vous en empêcher, défoulez-vous sur

---

36. — L'« Image de Saïs » *(Das verschleierte Bild zu Saïs)* est un poème de Friedrich Schiller, poète allemand (1759-1805). Le poème décrit un jeune homme, qui, à la recherche de la vérité se rend à Saïs en Égypte. Il y trouve une statue géante voilée de la déesse Isis qui est le gardien de la vérité. Il est averti de ne jamais relever le voile, mais est finalement vaincu par son désir de voir la statue et découvre ainsi la vérité. En relevant le voile il tombe inanimé devant la statue, puis se réveille sans parler de ce qu'il a vu, perd le bonheur pour toujours et meurt d'une mort précoce.

le stoïque que je suis, et faites-le avec mesquinerie. Mais ne parlez pas de haine religieuse ou raciale. C'est la douleur d'un peuple soumis qui parle à travers mon écriture, d'un peuple qui pleure sous votre règne comme vous avez peiné sous notre règne, un règne que vous avez supprimé étape par étape au fil du temps.

Le crépuscule des dieux est venu pour nous, vous êtes les maîtres, nous sommes les esclaves.

Que nous reste-t-il à faire ?

Devons-nous capituler devant Rome ?(37) Devons-nous « *aller à Canossa* » (38) et mettre toute notre science à la disposition de la papauté ? Ce serait une humiliation encore plus grande que ce que Luther a souffert à Worms (39). Devons-nous nous allier avec les « serviles » protestants et feindre la haine religieuse d'un côté ou de l'autre ? C'est aussi hors de question.

La presse écrite « libérale » est également hors-limites pour nous parce que vous avez su comment la monopoliser. Oui, la sainte liberté elle-même est devenue un monopole juif ! La liberté doit adhérer au dogme juif politico-social.

Et je pense qu'il est de mon devoir d'absoudre même mon éditeur de toute responsabilité morale pour cette brochure, pour cette déclaration de démission, afin de l'épargner de la vengeance du vainqueur juif.

---

37. — Rome : Marr fait référence ici au parti ultramontain, qui se tourne vers le pape comme source d'orientation et de leadership dans les affaires politiques et spirituelles.

38. — Canossa était un château en Italie auquel l'empereur allemand Henri IV devait se rendre en 1077 pour demander pardon à son adversaire le pape Grégoire VII. Durant le combat culturel (voir la note 17) Bismarck a déclaré que l'Allemagne n'irait plus à Canossa.

39. — Worms : en 1521, Luther a dû comparaître devant le Diet allemand *(Reichstag)* à Worms pour défendre ses thèses qui étaient hostiles à la papauté. Jamais il ne s'est rétracté.

« Une voix dans le désert » s'est élevée et a simplement déclaré des faits — des faits incontestables.

Acceptons la fatalité, puisque nous n'y pouvons rien. Son nom est :

Finis Germaniæ
La fin de l'Allemagne

RETROUVER TOUTES LES PUBLICATIONS
recension d'ouvrages rares ou interdits au format numérique

The Savoisien & Lenculus
Livres et documents rares ou introuvables

- Wawa Conspi - Blog
  the-savoisien.com/blog

- Wawa Conspi - Forum
  the-savoisien.com/wawa-conspi

- Free pdf
  freepdf.info

- Aldebaran Video
  aldebaranvideo.tv

- Histoire E-Book
  histoireebook.com

- Balder Ex-Libris
  balderexlibris.com

- Aryana Libris
  aryanalibris.com

- PDF Archive
  pdfarchive.info

Toutes les recensions où rééditions numériques de Lenculus sont gratuites, et ne feront l'objet d'aucun profit. On retrouvera toutes ses publications sur le site :

http ://the-savoisien.com

IMPRIMATUR
(Qu'il soit imprimé)

D'une étymologie défectueuse, le terme mal formé d'« *antisémitisme* », n'a jamais signifié, à partir de la fin des années 1870, la haine des « *Sémites* » en général (dans son acceptation ethnicisante erronée), Arabes compris, mais uniquement la haine des Juifs. Il est entré dans l'usage commun pour recouvrir toutes les formes d'hostilité à l'endroit des Juifs et du judaïsme à travers les siècles, sans jamais viser ni d'autres populations ni d'autres cultures.

Wilhelm Marr prend conscience de cette évolution et de la nature inédite de cette judéophobie « *scientifique* ». Wilhelm Marr et son entourage utilisent et popularisent le terme « *antisémitisme* », au début des années 1880, pour décrire ce racisme dirigé — uniquement — contre les Juifs.

L'antisémitisme ne vise pas les « *sémites* », pour la double raison du caractère impropre de ce terme pour désigner une population, et de la cible, limitée aux Juifs, de cette hostilité. L'étymologie défaillante du terme ne saurait être invoquée pour travestir sa signification réelle.

www.ingramcontent.com/pod-product-compliance
Lightning Source LLC
LaVergne TN
LVHW041544060526
838200LV00037B/1136